GRANDES VACANCES AU MINI-VIETNAM

Pour ma smalah, son doux vacarme, et sa folie inspirante.
Pour mes petits bánh bao préférés, Mag, Ava, et Nils.
Pour les familles du cafi et de tous les camps de réfugiés à travers le monde.

L'éditeur remercie Nina Douart-Sinouretty
pour la rédaction des pages documentaires.

Texte et illustrations : Jean-Luc Marçais

18, rue Barbès, 92128 Montrouge cedex
ISBN : 979-1-0363-4546-3
Dépôt légal : juin 2024
Loi n° 49-956 du 16 juillet 1949 sur
les publications destinées à la jeunesse.

Imprimé en Espagne par Gráficas Estella

GRANDES VACANCES AU MINI-VIETNAM

Jean-Luc Marçais

bayard jeunesse

Quand j'étais en CM1, la maîtresse a demandé à la classe qui avait envie de parler de ses vacances. J'ai levé la main, tout excité de pouvoir raconter mon séjour au Vietnam.

– Nous t'écoutons, Jean-Luc, tu es parti pour Noël ?

– Oui, j'étais au Vietnam ! Au camp !

– Ça alors ! c'est super ! tu as donc pris l'avion !

– Non !

– Mmm... tu n'y es pas allé en train quand même ?

– Non ! on a pris la voiture !

– Euh... ça a dû être très long...

– Oh oui ! on a mis toute une journée !

– ... bon, qui d'autre veut raconter ses vacances ?

Il a fallu que ma mère clarifie un peu les choses et m'explique deux-trois trucs.

En fait, contrairement à ce que je croyais, mes vacances, je ne les passais pas au Vietnam. Je les passais en France, dans le Lot-et-Garonne.

Parce que, dans le Lot-et-Garonne, il y a le CAFI : le Centre d'Accueil des Français d'Indochine. Et le CAFI, le camp de réfugiés où est arrivée ma famille en 1956, ben c'est comme un mini-Vietnam du Sud-Ouest.

Un camp où plus d'un millier d'Indochinois (dont une majorité de femmes et d'enfants) ont été débarqués, comme ça, au milieu de la France, à 10 000 kilomètres de chez eux.

Au fait, les Indochinois ce sont les habitants d'Indochine. Mais l'Indochine, ça n'existe plus, c'était une colonie française (rien à voir avec les colonies de vacances, hein) composée de plusieurs pays en Asie. À un moment, il y a eu la guerre et les Français ont dû partir. C'était au milieu des années 1950. Seulement, certains militaires avaient fondé des familles sur place et, quand ils sont rentrés en France, ils ont bien dû ramener leur femme et leurs enfants. Parfois aussi, les femmes et les enfants sont rentrés seuls car les maris étaient morts au combat.

Ces femmes, parties dans la précipitation, ont pris ce qu'elles pouvaient avec elles. Des souvenirs d'un pays qu'elles n'allaient sûrement jamais revoir, comme des épices, des habits ou des graines à semer. Et puis, une fois en France, tous ces gens, il a bien fallu les caser quelque part ! C'est comme ça que des camps militaires désaffectés ont accueilli toute une population qui y a planté ses nouvelles racines. De façon provisoire. Enfin, normalement… Car au bout de plusieurs décennies, ces familles n'avaient pas du tout été relogées dans des lieux plus adaptés. Alors, un petit bout d'Indochine avait finalement poussé comme ça, en plein terroir français. Au fil du temps les arrivantes étaient devenues des mémés, et les enfants avaient eu leurs propres enfants. La vie continuait.

Je passais donc mes deux mois d'été dans le camp, parfois les fêtes de fin d'année aussi. Chez mes grands-parents qui étaient restés sur place malgré le départ de tous leurs enfants. Dans la liberté qu'offrait un espace fermé dont les habitants étaient comme une grande famille. Nous traînions entre enfants, les adultes faisant office de figurants. J'avais mon binôme, mon cousin Yoyo, c'était l'aventure.

1

Un matin d'août, au CAFI, ma mère m'avait envoyé récupérer le *mì* chez mémé Luet pour le déjeuner. C'était une mémé du camp qui cuisinait la meilleure soupe et préparait elle-même ses pâtes fraîches. Le *mì*, ma soupe préférée, au goût incomparable. Peut-être le goût des vacances, car je ne pouvais en manger qu'au camp.

Mémé Luet était en train d'égorger un poulet quand je suis arrivé chez elle.

En attendant, je me suis assis à table où étaient étalés les pâtes fraîches et quelques raviolis, et j'ai regardé la pauvre bête pendue par les pattes au-dessus de la bassine.

Soudain, j'ai eu l'impression de voir le poulet s'animer. Ce n'était pas qu'une impression, il a agité son aile puis a ouvert le bec. Il m'a parlé.

Ça alors ! Je comprenais le poulet !

J'ai cherché mémé Luet du regard, mais elle était en train de couper des herbes à son évier, dos à moi.

J'ai à nouveau posé mes yeux sur le poulet sans trop y croire, et il a recommencé.

– Bon, t'as pas trop envie de me dire ton nom, c'est pas grave. Tu parles pas français peut-être ? *Tên con là gì*[*] *?* Non ? Toujours pas ? Ok, écoute, il faudrait que tu me rendes un service. Tu peux faire ça ?

J'allais lui répondre, mais trouvant ça trop absurde de parler à un poulet, je me suis ravisé. Mémé Luet s'est retournée pour me faire face. Elle m'a souri pour me signifier que la soupe était presque prête. Elle ne parlait pas trop français. Ensuite, elle a disparu dans son frigo pour chercher quelques condiments magiques.

– Mais tu parles ? T'es un poulet mort et tu parles ???

* « Comment t'appelles-tu ? » en vietnamien, quand on s'adresse à un enfant.

– *Cái gì[*] ?* a demandé mémé Luet.

– Non mémé, c'est rien, je parle tout seul !

Le poulet m'a souri.

– Ah bah quand même ! Écoute, petit, je suis pas vraiment un poulet ! En fait, je suis un homme. Enfin, j'étais un homme. Mais je suis mort ! Il y a très longtemps, t'étais même pas né !

– Ça alors ! Mais pourquoi vous êtes un poulet, alors ? Et pourquoi vous me parlez ?

– Je peux pas tout te dire maintenant, on n'a pas le temps. Prends la soupe, et garde ce ravioli, je vais me glisser dedans. Ce soir, à minuit, pose le ravioli à la lumière de la lune et je réapparaîtrai pour te raconter mon histoire. Ça te va ?

– Ça marche ! À ce soir alors !

Le poulet s'est figé puis mémé Luet est revenue. Elle a mis le bouillon dans des bouteilles, les pâtes, la viande, les raviolis et les

* « Quoi ? »

herbes dans des pots et m'a donné tout cela avec un grand sourire. On allait méchamment se régaler !

2

De retour à notre baraquement (les habitations familiales avaient été improvisées dans des baraquements militaires plus ou moins insalubres), j'ai posé la nourriture sur la table et je me suis précipité à la recherche de mon cousin Yoyo. J'avais bien pris soin de garder le ravioli que j'avais glissé dans la poche de mon short.

Je savais où trouver Yoyo, il était sûrement chez la grand-mère de Freddy.

Freddy était notre aîné de quelques années. Il prenait soin de nous comme de ses propres frères.

Quand je suis arrivé, Freddy essayait d'apprendre le coup de pied retourné de Bruce Lee à mon cousin.

– Le petit dragon approche sa proie et, avec sa queue, il frappe !

J'allais leur raconter ma drôle de rencontre quand le chien de Freddy s'est jeté sur moi. Un cocker au caractère pas facile.

Qu'est-ce qu'il lui prenait à ce clébard ?

C'est vrai qu'on n'était pas super potes, mais là il était tout fou. Et puis j'ai compris !

Le ravioli bien sûr !

Il l'avait senti dans ma poche et essayait de le dévorer.

Il fallait fuir. Ce que je fis aussitôt. Malheureusement, cette sale bête avait réussi à m'en chiper un petit morceau.

Quelle déception !

J'étais assis devant la haie de chèvrefeuille d'un baraquement voisin, le reste de ravioli dans la main et la mine déconfite quand Freddy et mon cousin m'ont rejoint.

La scène était pathétique. Ils écoutèrent mon récit avec attention.

Je m'attendais à ce qu'ils se moquent de moi ou qu'ils me prennent pour un extra-terrestre, mais il n'en fut rien. Bien sûr, tout cela leur paraissait impossible, mais avec les *con ma*, les fantômes, on ne pouvait jamais vraiment être trop sûrs. Et, dans le doute, mieux valait y croire.

Nos mères et nos grands-mères nous avaient suffisamment parlé de leurs rencontres avec le surnaturel pour que nous trouvions cela un peu vraisemblable tout de même.

– Très bien, a commencé Freddy. Ce soir, rendez-vous un peu avant minuit à la Vierge. Et on verra bien !

La Vierge, c'était un spot au fond du camp, à l'endroit où avait été improvisée une église chrétienne. Il y avait un petit bout de gazon avec des bancs et une statue de la

Vierge. On y traînait souvent entre jeunes et c'était l'endroit idéal pour invoquer notre poulet fantôme.

3

La journée puis la soirée m'ont paru interminables. Avec mon cousin, nous n'en pouvions plus d'attendre la nuit pour pouvoir rejoindre Freddy et tirer au clair cette histoire de poulet revenant.

Je touchais nerveusement le ravioli qui commençait à se décomposer dans ma poche.

Enfin est arrivée la nuit. J'ai enfourché le vélo de pépé, un vieux Peugeot rouillé avec

un porte-bagage sur lequel s'est installé mon cousin, puis nous avons filé au point de rendez-vous.

La lune brillait fort, c'était bon signe.

J'avais juste peur que le morceau de ravioli mangé par le chien n'empêche le fantôme de revenir.

Et si le fantôme se matérialisait dans l'estomac du chien ? Pire, si le morceau n'était déjà plus dans l'estomac et que le fantôme apparaissait dans une crotte !

Tout ça pour ça !
Bon sang, il ne serait pas content !

Il m'en voudrait, et la dernière chose que je voulais, c'était avoir un fantôme en colère à mes trousses. Même s'il faisait la taille d'un poulet.

Lorsque nous sommes arrivés sur place, nous étions seuls. Il faisait bon, la fraîcheur de la nuit était agréable. Mais nous avions beau être des aventuriers, nous n'étions pas tout à fait rassurés. La lumière bleue de la lune, le bruit du vent dans le grand marronnier près des champs de maïs et l'odeur d'encens qui devait venir d'une maison voisine, tout prenait des allures fantastiques.

Heureusement, Freddy n'a pas tardé à nous rejoindre. Nous savions qu'il n'avait peur de rien, de plus il avait pris son nunchaku. Rien de mauvais ne pouvait arriver.

– Bon, les gars, a dit Freddy avec assurance, on le fait venir ce poulet fantôme ?

On s'est forcés à rire, mais, en vrai, je n'en menais pas large.

4

J'ai déballé ce qu'il restait du ravioli de ma poche. Ça commençait à sentir le *nước mắm** rance, ce qui n'est pas rien. Ma mère n'allait pas être contente.

Je l'ai ensuite posé sur la rambarde d'un baraquement. Le ravioli était un peu piteux sous la lumière lunaire.

Une mémé est sortie de nulle part, elle promenait son chien. Elle nous a salués tandis que nous étions tous trois postés de

* Sauce vietnamienne au poisson.

manière solennelle devant notre morceau de ravioli. Un instant, j'ai eu peur que son chien n'anéantisse notre projet pour toujours. Mais, peut-être grâce au fumet de poisson pourri qui s'en échappait, la petite friandise n'a suscité aucun intérêt pour l'animal.

La mémé a disparu aussi vite qu'elle était arrivée, et, presque aussitôt, le vent s'est mis à souffler et à tourbillonner autour de nous. La poussière s'est élevée et s'est mise à danser avec les odeurs qui s'échappaient du ravioli. Celui-ci a commencé à vibrer, puis à briller, puis à léviter au-dessus de nos têtes !

L'odeur de poisson pourri s'était estompée et avait laissé place à une odeur plus agréable.

Hummm! Ça sentait la soupe de poulet!

Ça m'a donné un peu faim, mais je restais concentré sur l'incroyable spectacle qui se déroulait devant moi. Yoyo et Freddy n'en revenaient pas eux non plus. Ils gardaient la bouche ouverte et les yeux écarquillés.

Il y a alors eu un flash et un boum et une odeur de poulet rôti qui m'a donné encore plus faim, mais surtout, au milieu de nous trois est apparu notre fantôme.

C'était un magnifique poulet coiffé d'un petit casque de soldat.

Le fantôme nous a toisés du regard, content de son petit effet. Puis il a regardé ses ailes, l'air déçu.

– Mince ! Je pensais apparaître sous forme humaine ! J'aurais eu bien plus de classe, croyez-moi ! Bah, c'est pas grave, c'est qu'à force de m'incarner dans des bestioles, je m'embrouille un peu. Je suis bien content que tu sois venu, petit ! Et je vois que tu m'as ramené de la compagnie ! Super, vous allez tous pouvoir m'aider !

Freddy, mon cousin et moi étions fascinés. Enfin nous rencontrions un fantôme, et nous n'avions même pas peur.

5

– Écoutez bien mon histoire, et rendez-moi un service, afin que je puisse enfin trouver le repos. Je peux compter sur vous ?

Nous avons acquiescé d'un signe de tête et le poulet fantôme a commencé son récit.

« Figurez-vous que devant vous se tient un fier représentant de la marine française. Alors, c'est vrai qu'avec les plumes comme ça, on se rend pas bien compte. Mais à l'époque où j'étais humain, j'avais de l'allure !

J'ai voyagé sur tous les continents, je me suis battu pour mon pays, j'ai fait la guerre ! Quelle idiotie !

Mais les voyages, ça c'était quelque chose ! En 1954, j'ai rencontré une femme merveilleuse. Dans un pays magnifique : le Vietnam, enfin c'était le Tonkin à l'époque. À voir vos têtes, je me dis que vous devez connaître, non ? Non. C'est pas grave, mais vous devriez y faire un tour un jour, c'est très beau.

Pour elle, j'ai quitté l'armée, ou plutôt j'ai essayé, mais c'était pas si facile. J'ai voulu me cacher dans la jungle pour me faire oublier de mes supérieurs. Quel crétin ! Je n'étais pas préparé, la jungle m'a englouti et je suis mort.

Et puis, elle, elle a dû partir, du jour au lendemain, prendre le bateau pour aller en France !

J'ai donc décidé de la suivre. Pas si facile quand on n'a plus de corps ! Mais j'étais un fantôme ! Et j'ai vite compris comment m'incarner dans des petits animaux, alors, de poulet en canard, et de canard en poussin, j'ai réussi à venir moi aussi.

Et depuis je traîne dans ce camp, invisible pour les vivants, mais pas complètement dans le monde des esprits non plus.

Et j'ai compris ! J'ai compris pourquoi je n'arrive pas à partir pour de bon !

Parce que ma conscience n'est pas en paix. Vous voyez, je voulais dire un secret à mon amoureuse avant de me cacher. Mais je n'en ai pas eu le temps et je sais que c'est ça qui me retient.

Alors, si vous êtes d'accord, je vais vous confier ce secret et vous irez le lui délivrer. C'est d'accord ? S'il vous plaît. Faites-le pour moi, je suis tellement fatigué ! »

Et, comme ça, le fantôme nous a confié son secret. Un secret vieux de trente ans dont nous étions maintenant les gardiens mais aussi les messagers.

Nous étions prêts à nous dire au revoir, **quand j'ai eu un éclair de génie.**

– Hé mais attends, poulet ! Tu nous as pas dit ton nom ! Et ton amoureuse c'est qui ?!!

– Ha mais oui ! Où avais-je la tête ? On me l'a coupée tellement de fois ! Ha ha ! Moi c'est Roger, et ma bien-aimée, vous la trouverez dans le baraquement à la porte rouge, c'est madame...

– Madame qui ???

Nous ne l'avons pas su car ce stupide cocker avait suivi Freddy, s'était caché, et avait attendu le bon moment pour se jeter sur le reste de ravioli et n'en faire qu'une bouchée !

J'ai cru devenir fou. J'ai sauté sur le chien en hurlant, mais le pauvre animal subissait déjà la punition de l'intoxication alimentaire par ingestion de ravioli pourri.

J'ai trouvé plus sage et moins dégoûtant de me tenir loin de lui.

6

En nous réveillant le lendemain matin, nous étions épuisés. L'excitation de la nuit nous avait empêchés de dormir. Avec mon cousin, nous avons gobé trois *bánh cuốn** en vitesse, puis nous sommes allés chercher Freddy. Nous ne pouvions attendre, l'âme de Roger avait besoin de nous !

Nous possédions peu d'indices, c'est vrai. Oui, mais la porte rouge, ça c'était facile !

* Ravioli vietnamien.

Je ne voyais qu'un baraquement correspondant, de l'autre côté du camp. J'étais passé devant cette porte plusieurs fois et j'avais remarqué sa couleur différente des autres.

Il suffisait de nous y rendre, de transmettre le message à la mémé qui y habitait, et voilà, nous aurions accompli notre mission.

Freddy répétait des pas de danse quand nous sommes arrivés chez sa grand-mère. Il laissait pendre sa tête comme un pantin entre ses bras levés et faisait glisser ses pieds à toute vitesse de droite à gauche. Il avait la super classe, nous étions ébahis.

– Désolé les gars, j'ai promis à ma grand-mère de l'aider à équeuter les haricots. Si vous voulez, je vous rejoins plus tard, OK ? Allez, pas de bêtises !

Tant pis, nous sommes partis sans lui.

THE
CURE

Cette fois mon cousin conduisait le vélo et je chevauchais le porte-bagage.

En passant devant le jardin de mémé Luet, j'ai croisé le regard d'un poulet. J'ai eu l'impression qu'il me souriait. Peut-être était-ce Roger qui me souhaitait bon courage.

Nous sommes arrivés devant la maison à la porte rouge. Nous avons posé le vélo contre la clôture puis avons frappé à la porte.

Pas de réponse.

Nous avons un peu insisté, mais personne ne semblait être là. Mince, c'était trop important ! Nous avons donc décidé d'entrer dans le baraquement.

J'ai tourné la poignée de porte, juste pour voir. Elle s'est doucement ouverte, dans un léger grincement. Il y avait des rideaux de porte antimouches qui m'empêchaient de voir à l'intérieur, je pouvais juste percevoir qu'il y faisait très sombre.

Yoyo m'a un peu pressé.

– Bon alors ! Tu rentres ou quoi ?

– Deux secondes, on y voit rien et ce rideau de plastique m'empêche d'avancer !

– Ben si t'avances pas, moi, j'y vais !

Et il est entré d'un pas sûr. Moi, j'étais peureux, alors j'y suis allé doucement.

7

C'était la cuisine.

Les stores étaient fermés, nos yeux ont mis du temps à s'acclimater à la pénombre. On sentait une odeur de bois brûlé, de café et de baume du tigre.

L'endroit ne semblait pas habité. Pourtant, en tendant l'oreille, on percevait comme un souffle. Irrégulier et froid. Ce souffle venait de derrière une porte fermée.

– Hé Jean-Luc, t'entends ce bruit ? On dirait que ça vient de derrière la porte. Vas-y on entre.

– Nan, mais Yoyo, à mon avis on n'a pas besoin. Y a pas de mémé là. On va plutôt rentrer, on viendra plus tard. Avec Freddy, par exemple.

– Ha ha ! T'as peur ? Toi aussi, t'es un poulet ? Ha ha ha !

– Nan, j'ai pas peur ! C'est toi qui as peur ! Je veux juste pas que, euh… bon, oui j'ai peur ! Vas-y on s'en va !

Trop tard, Yoyo a baissé la poignée, puis il a poussé la porte qui a pivoté d'un coup.

La fenêtre de la chambre s'est ouverte en grand, faisant voler les rideaux.

Un courant d'air a traversé la pièce en renversant une chaise sur laquelle était posée une bouteille d'eau qui s'est brisée par terre dans un grand fracas.

Yoyo a jeté ses bras en l'air pour éviter un morceau de verre et je me suis pris son poing dans le nez, ce qui m'a fait tomber.

J'ai pu me rattraper sur une table, mais j'ai malencontreusement posé ma main dans une assiette, qui a basculé, faisant voler fourchette et couteau à travers la pièce.

C'est là que la porte d'entrée s'est refermée en claquant, nous plongeant dans le noir.

QU'EST-CE QUE VOUS FICHEZ DANS MA MAISON ???

Un vieil homme, pas très grand mais très large, l'air peu commode avec un mégot au bec se tenait devant la porte, menaçant. Nous ne l'avions pas entendu entrer.

Il a fait deux pas dans ma direction. C'en était trop. J'ai cherché mon cousin du regard, nous nous sommes mis d'accord d'un hochement de tête, puis nous avons détalé en hurlant. Yoyo s'est jeté par la fenêtre de la chambre. L'idée m'a paru excellente, alors je l'ai suivi.

Nous avons ramassé le vélo en boitant. Je saignais un peu du genou et mon cousin avait le nez râpé, mais, pas grave, il a pédalé comme un champion pour nous mettre hors de danger.

8

Il nous fallait un peu de réconfort. Reprendre notre souffle, nous remettre de nos émotions et faire le point sur cet échec.

Pour ça, une seule solution.

Nous sommes donc allés acheter des bonbons chez Mimi.

Chez Mimi, tout allait toujours mieux. On trouvait de tout dans sa petite épicerie, du corned beef ou des _nem chua_*, de la moutarde ou du _mam tôm_**, et elle avait toujours

* Bouchées de porc fermenté.
** Pâte de crevette fermentée qui sent très fort.

un mot gentil pour nous. Et en plus, des fois, elle filait des bonbons gratos.

Comment était-ce possible ? À l'évidence, le gros monsieur patibulaire qui habitait la maison à la porte rouge n'était pas l'amoureuse de Roger. En tout cas, il était hors de question d'y retourner pour lui demander !

Et j'étais sûr de moi, c'était la seule maison du camp à avoir une porte rouge.

Je faisais part de cette remarque à mon cousin, qui se goinfrait de fraises Tagada, quand une voix familière s'est adressée à moi.

– Aaah ! La maison à la porte rouge ! J'y passais tout mon temps gamine ! À côté de la pagode. Très jolie !

C'était mémé Zette. Une mémé un peu moins mémé que les autres mémés. Je veux dire un peu moins vieille, et qui parlait bien le français. Une bonne amie de ma grand-mère.

– Bonjour mémé ! Oui, la maison rouge ! On en sort. Par contre, je crois que tu te trompes, elle n'est pas du tout à côté de la pagode. Elle est vers le bac à sable, à l'opposé !

– Comment? Mais pas du tout! Aaah! Mais je crois comprendre! Tu parles de la maison de Tasdefer, ce vieux grognon! Il a repeint sa porte en rouge il y a quelques années, c'est vrai. Mais la vraie maison à la porte rouge, celle dont je te parle et qui était rouge quand moi j'étais jeune, c'est celle juste à côté de la pagode. Mais maintenant, la porte est noire. Tout y est noir d'ailleurs. Vous ne devriez pas y aller!

Elle a soudain pris un air sombre puis s'est mise à marmonner en vietnamien, pour elle-même.

Mais grâce à elle, tout s'expliquait. Merci mémé Zette !

Maintenant nous avions la bonne maison, c'était sûr ! Notre petit poulet allait enfin pouvoir se reposer !

Freddy est arrivé pour nous proposer une partie de foot. Malgré nos multiples bobos, nous sommes allés courir derrière le ballon.

Puis l'heure du dîner a sonné. Nous sommes rentrés chez nous reprendre des forces, enthousiasmés par la soirée qui nous attendait.

Il faisait toujours chaud, le ciel prenait ses couleurs vives de soirée, nous étions réunis entre cousins et cousines autour de la table. **En plus il restait du mì !**

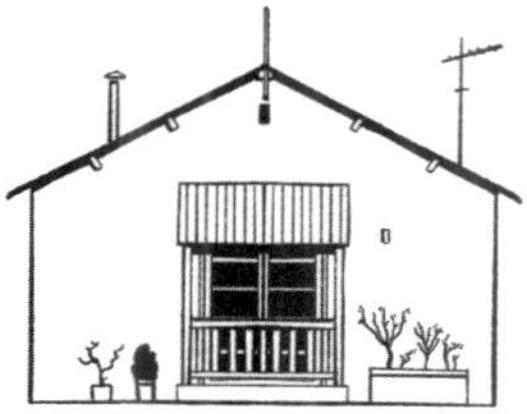

9

La nuit est tombée assez vite, et les éclairages électriques étaient déjà allumés lorsque nous nous sommes préparés pour notre expédition. La chaleur restait intense, ça commençait à sentir l'orage.

J'ai emprunté la lampe frontale de mon grand-père, au cas où.

Il était un peu tard pour débarquer chez une vieille inconnue, mais c'était l'été, le rythme était plus tardif et de toute façon, tout le monde attendait la fraîcheur de la nuit pour pouvoir dormir.

Nous avons couru jusqu'à la pagode, où Freddy nous attendait déjà, puis nous avons cherché une maison à la porte noire.

C'était rapide, il n'y en avait qu'une. Les volets aussi étaient peints en noir. Quelle drôle d'idée, ça lui donnait un petit côté lugubre. En y regardant de plus près, on pouvait voir les traces de l'ancienne peinture rouge. Aucun doute possible !

Nous avons frappé à la porte car la lumière était allumée. Pas de réponse. Décidément, on ne nous simplifiait pas les choses.

Doucement, nous nous sommes hissés sur la pointe des pieds afin de regarder par la fenêtre de la cuisine. Sauf Freddy qui était suffisamment grand.

Et là ! Quelle horreur ! Nous avons reconnu la femme qui se tenait assise à la table. C'était la sorcière !

Une grande femme filiforme au teint sombre, au visage émacié et aux dents rouges, toujours habillée de noir, un voile sinistre sur les cheveux.

Nous la rencontrions parfois dans le camp, avec son chien maudit, un molosse aussi noir que ses vêtements, dont les grognements nous glaçaient le sang ! Nous refusions de la croiser et changions même de direction à son approche.

Un frisson m'a parcouru tout le corps. Hors de question d'entrer dans cette maison !

Notre soldat avait dû se tromper. Que la sorcière ait pu être l'amoureuse de quelqu'un, c'était impossible.

Soudain, elle a tourné son visage vers nous.

J'ai laissé échapper un petit cri, mon cousin, quant à lui, en est tombé à la renverse. Seul Freddy paraissait avoir gardé la tête froide. Quand je lui ai demandé ce que l'on pouvait faire maintenant, il m'a juste répondu par un couinement de souris. Finalement, il n'était pas rassuré lui non plus.

La sorcière a alors tendu sa main vers nous et la fenêtre s'est ouverte.

Une force invisible nous a entraînés à l'intérieur. C'était comme si la maison essayait de nous avaler.

Un feu brûlait dans le poêle, pourtant il faisait froid. Bien plus froid qu'à l'extérieur. On sentait comme une odeur de poussière mélangée à du piment.

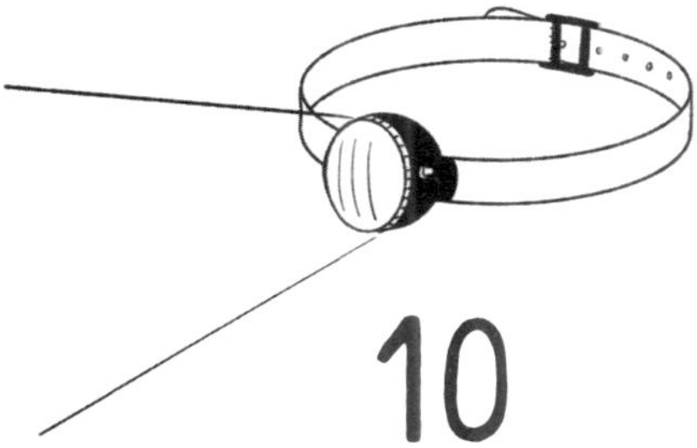

10

Nous étions donc tous les trois emmêlés par terre sous la fenêtre, un peu groggy et terrifiés, prêts à défendre notre peau. Surtout mon cousin, qui avait les poings serrés. Moi, je me contentais de regarder ma vie défiler devant mes yeux, mais c'était très court.

La sorcière s'est élevée et a glissé vers nous. Heureusement, Freddy, qui avait recouvré ses esprits, a sorti son nunchaku et l'a jeté en direction de la sorcière. Il ne l'a pas touchée, en revanche, l'arme a heurté le plafonnier et cassé l'ampoule.

Nous nous sommes retrouvés dans le noir.

Nous en avons profité pour nous lever et essayer de nous enfuir, mais j'ai mis un violent coup de narine sur le front de mon cousin. Mon cousin n'avait rien, par contre, moi, je saignais du nez.

Heureusement, je me suis rappelé de la lampe frontale que j'avais dans la poche. Je l'ai installée puis je l'ai allumée. J'ai balayé la pièce du rayon de lumière, mais la sorcière avait disparu.

Nous nous sommes donc dirigés vers la sortie. Quand j'ai ouvert la porte et que nous avons franchi le seuil, nous ne nous sommes pas retrouvés à l'extérieur comme nous le pensions, mais dans une chambre. La sorcière nous avait piégés !

La porte a claqué derrière nous. La grande femme nous attendait assise sur le lit, son énorme chien à ses pieds. Elle a allumé la lampe de chevet.

Quand elle s'est approchée de nous, j'ai fermé les yeux et les ai serrés aussi fort que je pouvais. J'ai alors senti sa main frôler mon nez.

Et le saignement a cessé.

J'ai ouvert les yeux et j'ai regardé mes deux acolytes. Ils étaient aussi surpris que moi. **La sorcière a parlé.**

– Eh bien ! Ça n'est pas très poli de débarquer chez les vieilles dames sans y être invités !

C'était la première fois que j'entendais sa voix. Elle était étonnamment douce. Grave mais douce. Elle parlait un français presque sans accent.

Nous n'osions rien dire.

– Je vous connais, et je connais bien vos familles. Pourquoi êtes-vous venus chez moi ? Je déteste les visites. Personne ne doit venir ici. Je veux qu'on me laisse tranquille, tout le monde le sait ! Que vais-je faire de vous ? Faut-il vous punir pour que vous ne recommenciez plus jamais ?

– Oh non, s'il vous plaît madame ! geignit mon cousin.

– Oui, c'est pas de notre faute ! s'exclama Freddy.

– Ouais, c'est vrai ! C'est à cause du poulet ! continuai-je.

– Le poulet ? Arrêtez de vous moquer de moi !

Cette fois la sorcière avait crié et sa voix n'était plus douce. Ça nous a bien calmés.

– Je déteste les petits menteurs. Je vais vous donner une bonne leçon !

Je commençais à pleurer.

– Mais nous, on voulait juste rendre service à Roger, et...

La sorcière m'a coupé.

– Roger ? Quel Roger ? Comment connaissez-vous Roger ?

– Bah, Roger le militaire. Dans le Vietnam coquin...

– Non, le Tonkin ! m'a repris Freddy.

– Oui, c'est ça, le Tonkin, il était parti dans la jungle pour arrêter de faire la guerre pour son amoureuse, mais il a été englouti ! Ou un truc comme ça, mais je sais plus parce que maintenant c'est un poulet, mais c'est aussi un fantôme !

J'avais du mal à parler en sanglotant et je m'embrouillais un peu.

11

La sorcière ne disait plus rien, et son air avait changé. On aurait dit qu'elle était moins sorcière. C'était presque une personne différente. J'avais l'impression qu'elle allait pleurer elle aussi, alors ça m'a un peu calmé.

– Roger, c'était le nom de mon amoureux il y a très longtemps. Très loin d'ici. C'était un marin français. Malheureusement il m'a abandonnée, sans me prévenir. J'ai quitté le

Vietnam et je n'ai plus jamais eu de nouvelles. C'est pourquoi votre histoire me trouble autant.

Ça, par exemple ! La sorcière, c'était vraiment l'amoureuse de Roger ! Difficile à croire, et pourtant, il fallait se rendre à l'évidence.

– Mais non, il ne vous a pas abandonnée !

Et nous lui avons raconté toute l'histoire. D'abord le poulet chez mémé Luet, puis le ravioli, puis l'apparition nocturne, jusqu'à notre arrivée chez elle.

Elle semblait ravie, son visage s'éclairait au fur et à mesure de notre récit. Enfin, il fallait lui transmettre le secret.

– Il y a une chose très importante que Roger tenait absolument à vous dire, et c'est pour ça qu'il ne parvient pas encore à partir en paix. Écoutez, même s'il vous a toujours dit le contraire, il était bien d'accord avec vous : les omaïs* vietnamiens, c'est nettement meilleur que les roudoudous français ! Surtout les omaïs que vous lui prépariez. Il s'amusait de vous voir vous énerver, mais c'était sa friandise préférée !

Alors là, c'était comme si on venait de la faire reine !

* Fruits séchés ou confits, très sucrés et très salés à la fois.

Elle arborait maintenant un grand sourire, ce n'était plus du tout une sorcière !

Elle nous a pris dans ses bras, ça c'était très bizarre, nous n'avions pas l'habitude, puis elle nous a remerciés. Elle a posé sa main sur mes bleus qui ont aussitôt disparu. Elle a fait de même avec mon cousin.

Même son chien me paraissait sympathique quand il s'est jeté sur nous pour nous réclamer des caresses. Comment avais-je pu prendre ce gentil labrador pour un cerbère ?

Nous avons promis de revenir lui rendre visite et nous sommes repartis chez nous. En fait, elle était vraiment chouette cette sorcière.

12

Cette nuit-là, Roger est venu dans mon rêve pour me remercier. Il était enfin serein et s'apprêtait à partir pour de bon.

Après le petit-déjeuner, nous avons rendu visite à notre nouvelle amie. Elle était en train de repeindre sa porte en rouge. Elle souriait et nous a invités à entrer chez elle. Au-dessus d'une porte, elle avait accroché la photo en noir et blanc d'un homme en uniforme de soldat. J'ai reconnu Roger, même sans ses plumes.

En effet, il avait pas mal de classe.

Puis, elle nous a offert des omaïs de sa confection. Pouah ! C'était dégoûtant !

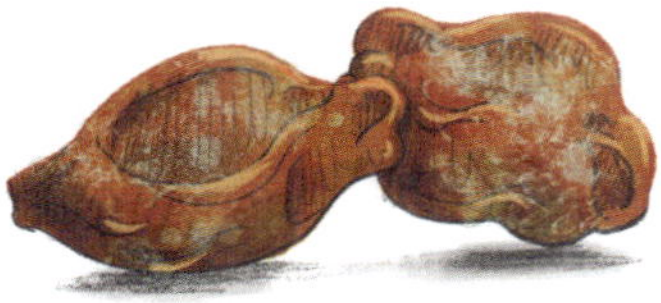

Fin

POUR EN SAVOIR PLUS

**De 1887 à 1954, l'Indochine était une colonie française composée de trois pays d'Asie du Sud-Est : le Vietnam, le Cambodge et le Laos. En 1954, le Vietnam a gagné son indépendance et les Français, qui avaient perdu la guerre, ont dû repartir. De 1954 à 1956, plus de 5 000 personnes ont quitté le Vietnam pour la France. On les appelle les « rapatriés d'Indochine ». Ces familles ont été installées dans l'urgence dans des « centres d'accueil » improvisés, comme celui de Sainte-Livrade-sur-Lot où se déroule cette histoire.
Il a existé jusque dans les années 2010.**

Le CAFI

Cet endroit s'appelle le CAFI : Camp d'Accueil des Français d'Indochine. Il était situé à l'écart de la ville, dans un ancien camp militaire. Il était constitué de 36 bâtiments insalubres de plain-pied, de 60,7 m sur 7,7 m, agencés autour d'une place. Le camp était entouré d'un grillage barbelé.

Qui y vivait ?

Les habitants étaient essentiellement des familles franco-vietnamiennes : un parent vietnamien, un parent français ou venant d'une autre colonie, et leurs enfants. Beaucoup de femmes sont arrivées seules avec leurs enfants, si bien que, au début, sur 1 012 personnes hébergées, seulement 101 étaient des hommes ! Ces mères vietnamiennes ne pouvaient pas rester au Vietnam parce que, après la décolonisation, il était mal vu d'avoir eu des enfants avec un Français.

Des enfants au CAFI, en 1956 © cafi-histoires-memoires.fr

LA VIE AU CAFI

Le baraquement de la famille de Jean-Luc, 2006 © Jean-Luc Marçais

Des habitations rudimentaires

Les baraquements étaient divisés en logements de trois, quatre ou cinq pièces identiques. Les familles y étaient logées selon leur composition. Les fenêtres et les portes d'entrée étaient délabrées et les plafonds en carton, sans isolation. Il n'y avait pas de salle de bains, seulement un lavabo et un évier avec de l'eau froide. Les toilettes étaient collectives et situées à l'extérieur. Ce n'est qu'en 1964 que les conditions d'hygiène ont enfin été améliorées.
Les règles de vie au camp étaient difficiles. Les habitants n'étaient pas libres de faire ce qu'ils voulaient.
Par exemple, ils devaient demander une autorisation pour sortir et signaler toute visite extérieure et n'avaient pas le droit de posséder une voiture ou un lave-linge.

Un village vietnamien en France

Au départ, l'accueil au camp devait être provisoire mais aucune autre solution n'ayant été offerte aux habitants, c'est là qu'ils ont fondé leur nouvelle vie, à des milliers de kilomètres de leur pays. Malgré la douleur de l'exil, les mères vietnamiennes se sont montrées très dignes et courageuses et n'ont jamais renoncé à leur culture asiatique. Elles avaient emporté avec elles des objets, des habits, des graines à semer.
Peu à peu, elles ont réussi à reconstruire leur vie en France. Le camp est ainsi devenu un véritable petit village vietnamien !

LES ENFANTS DU CAFI

Au CAFI, on mangeait la cuisine vietnamienne, on parlait vietnamien et on célèbrait les fêtes traditionnelles. Les enfants ont grandi entre la culture de leur pays d'origine et celle de leur pays d'accueil, la France.

Les jeux du CAFI

Les enfants jouaient à des jeux traditionnels indochinois : le jeu de bâtonnets qui se joue avec deux bâtonnets et un trou creusé dans la terre, un jeu de capsules sur lesquelles on lance un galet, et un jeu de jonglage avec un volant. On pouvait y jouer avec les pieds, les genoux, les cuisses et la tête.

Les histoires de fantômes

Le soir, on se racontait des histoires de revenants, très présents dans la culture vietnamienne. Les enfants se faisaient parfois peur entre eux ! Heureusement, dans notre histoire, Roger est un gentil fantôme amoureux.

Et aujourd'hui...

Au fil des décennies, plusieurs générations se sont succédées dans le camp jusqu'à sa destruction dans les années 2010. Pour Jean-Luc, l'auteur et illustrateur de ce livre, c'est le lieu où il passait ses vacances, chez ses grands-parents. Sa mère, elle, y a grandi. Aujourd'hui, même si plus personne ne vit au camp, les anciens habitants s'y retrouvent avec bonheur une fois par an pour de grandes festivités.

Jean-Luc, Yoyo et leur grand-mère © Jean-Luc Marçais

Pour en savoir plus sur l'histoire du Centre d'Accueil des Français d'Indochine de Sainte-Livrade-sur-Lot :
http://cafi-histoires-memoires.fr
http://rapatries-vietnam.org
http://cafi47.com

L'éditeur remercie Nina Douart-Sinouretty pour le contenu des pages documentaires.